AUTOCONFIANZA Y OTROS ENSAYOS

AUSTRALSABIDURÍA

RALPH WALDO EMERSON

AUTOCONFIANZA Y OTROS ENSAYOS

Selección, traducción, presentación y apéndice
Mauricio Bach

PEFC Certificado

Este libro procede de
bosques gestionados
de forma sostenible

PEFC

PEFC/14-38-00305   www.pefc.es

eBook
DISPONIBLE

© de la selección, la traducción, la presentación y el apéndice: Mauricio
Bach Juncadella, 2002

© Editorial Planeta, S. A., 2024
Avda. Diagonal, 662-664, 08034 Barcelona (España)
www.planetadelibros.com

Diseño de la colección: Austral / Área Editorial Grupo Planeta
Primera edición en Austral: septiembre de 2024

Depósito legal: B. 13.436-2024
ISBN: 978-84-08-29278-4
Composición: Realización Planeta
Impresión y encuadernación: Liberdúplex, S. L.
Printed in Spain - Impreso en España

BIOGRAFÍA

Ralph Waldo Emerson (Boston, 1803 - Concord, 1882) fue un escritor, filósofo y poeta estadounidense. Líder del movimiento del trascendentalismo, sus enseñanzas contribuyeron al desarrollo del movimiento del «Nuevo pensamiento» en Estados Unidos. En la pequeña ciudad de Concord, cerca de Boston, floreció una comunidad de intelectuales que se convirtieron en grandes renovadores del pensamiento, la literatura, la lucha por los derechos civiles y otros sueños sobre los que se forjarían los Estados Unidos. Ese grupo de fascinantes personajes, como el pensador Henry David Thoreau, el poeta Walt Whitman, el narrador Nathaniel Hawthorne, el revolucionario pedagogo Bronson Alcott, la pionera del feminismo Margaret Fuller, el abolicionista capitán John Brown..., fueron el núcleo de lo que se llamó el Renacimiento Americano.

ÍNDICE

PRESENTACIÓN

Cinco pilares sostienen las letras estadouniden-
ses: Hermann Melville, Nathaniel Hawthorne,
Walt Whitman, Henry David Thoreau y Ralph
Waldo Emerson. Refiriéndose a ellos y al perio-
do en el que vivieron y escribieron su obra literaria, el crítico F. O. Matthiessen habló del «renacimiento americano».

Todo sucedió en la costa Este, en los tres vér-
tices de un triángulo que forman Nueva York,
Boston y la pequeña población de Concord; un
perímetro pequeño que propició que los autores
mencionados establecieran lazos entre sí. Un
dato significativo: Emerson fue amigo de todos
los demás, con la excepción de Melville, que vi-
vía muy aislado del medio intelectual de la época.

Estamos en pleno siglo XIX y Estados Unidos
busca una voz propia y diferenciada de la hereda-

da de Europa. Y esa voz toma cuerpo en los campos de la narrativa —tanto la novela como el relato—, la poesía y el pensamiento en estos cinco escritores, a los que habría que añadir otros nombres de primera magnitud como Edgar Allan Poe, Emily Dickinson, Mark Twain, Henry Adams y Henry James.

¿Qué aporta Emerson al renacimiento americano? Una voz propia que desarrolla como ensayista y como poeta, y fundamentalmente una filosofía que no aspira a ser doctrinaria ni sistemática: el trascendentalismo, cuyo centro geográfico será Concord, convertido por el escritor y su círculo en el núcleo intelectual de la Norteamérica del siglo XIX.

El trascendentalismo emersoniano es una filosofía que pretende una síntesis entre religiosidad e idealismo romántico, entre la visión mística y la lucidez pragmática, concediendo al ser humano como individuo un papel central y rechazando tanto los dogmas del puritanismo y el calvinismo imperantes en aquel entonces en el terreno religioso como el racionalismo filosófico que dominó el pensamiento del siglo XVIII en Norteamérica.

Según los postulados del trascendentalismo, la verdad se puede percibir a través de la simple intuición, ya que el ser humano no está separado de Dios, que a su vez está presente en la Naturaleza. Y es que el hombre —como individuo y como miembro de una sociedad—, la naturaleza y Dios son los tres ejes del pensamiento emersoniano, que aborda la interrelación que se establece entre ellos. En sus ensayos, aparecen conceptos fundamentales del trascendentalismo como la noción de *oversoul*, la superalma o alma universal que engloba a todos los hombres y los conecta con el universo y con Dios, y la de *inner light*, la luz interior relacionada con el conocimiento a través de la intuición.

Otro tema importante en su obra es el lenguaje entendido como símbolo de las realidades espirituales, una idea que se convertirá en el fundamento teórico de la gran literatura de corte simbolista norteamericana que desarrollan autores como Melville, Hawthorne, Whitman y Emily Dickinson. Y por último, aparece en sus escritos el Emerson comprometido con su tiempo, luchador contra la esclavitud y en pro del abolicionismo, defensor de los derechos de los indios y preocupado por el desarrollo del nivel cultural de la joven América.

Emerson fue en su juventud profesor de escuela y pastor unitarista, y posteriormente se ganó la vida como conferenciante. Estaba acostumbrado a hablar desde el púlpito y desde la tribuna, y toda su producción literaria está impregnada de esta oralidad, ya que sus ensayos fueron, antes de convertirse en palabra escrita, conferencias, discursos o sermones. Escribe con un estilo enérgico, caracterizado por la sucesión de frases cortas y la intensidad retórica, con un hilo conductor del pensamiento que se ramifica continuamente. Es un estilo singular que ya en su época no dejaba a nadie indiferente: fascinaba o irritaba.

Muy diferente es el tono de sus voluminosos diarios, una selección de citas de los cuales cierra esta antología. En ellos aparece un Emerson más intimista, que muestra sus contradicciones y dudas. Los diarios tienen un interés especial, porque recorren casi toda la vida de Emerson, que empezó a escribirlos siendo estudiante y siguió haciéndolo sistemáticamente hasta la vejez. Y además cumplen la función de ser una auténtica cocina del escritor, ya que allí están, en bruto, los pensamientos a partir de los cuales germinarán sus discursos y ensayos.

Ya anciano, Emerson se jactaba de que, tras muchos años dedicado a la enseñanza y la divulgación intelectual, no tenía ni un solo discípulo, lo cual en su opinión era un mérito, porque él no pretendía atraer a la gente hacia sus ideas, sino lograr que cada persona se encontrase a sí misma. A ello espero que puedan contribuir estos aforismos espigados de sus obras que, pese a estar escritos en pleno siglo XIX, siguen sin duda vivos y en muchas ocasiones muestran una sorprendente capacidad para adelantarse a su época y detectar los problemas y paradojas que hoy son evidentes y que entonces apenas se podían intuir.

MAURICIO BACH

Autoconfianza y otros ensayos

Naturaleza

En pie sobre el suelo desnudo —la cabeza bañada por el aire alegre y alzada hacia el espacio infinito—, todo mezquino egoísmo se desvanece. Me convierto en un ojo transparente; no soy nada; lo veo todo; las corrientes del Ser Universal circulan a través de mí, soy parte y partícula de Dios.

*

Las generaciones precedentes contemplaron a Dios y la naturaleza cara a cara. Nosotros, a través de sus ojos. ¿Por qué no podemos disfrutar también de una relación primigenia con el universo? ¿Por qué no podemos disponer de una poesía y una filosofía de la clarividencia y no de la tradición, y de una religión que nos llegue por revelación y no a través de la historia?

*

Las estrellas despiertan cierta reverencia, porque, aunque están siempre presentes, son inaccesibles.

*

Para ser sinceros, pocos adultos son capaces de ver la naturaleza. La mayoría de las personas no ven el sol. O al menos tienen una visión muy superficial de él. El sol solo ilumina los ojos del hombre, pero brilla en los ojos y en el corazón del niño.

*

El verdadero amante de la naturaleza es aquel cuyos sentidos interiores y exteriores están todavía verdaderamente ajustados unos a otros; aquel que ha retenido el espíritu de la infancia durante su madurez.

*

A la corrupción del hombre le sigue la corrupción del lenguaje.

*

Las palabras son órganos finitos de una mente infinita. No pueden cubrir las dimensiones de lo que verdaderamente existe. Lo fragmentan, lo dividen y lo empobrecen.

*

¡Cómo nos deifica la naturaleza con unos pocos elementos asequibles! Dadme salud y un día, y haré que el fasto de los emperadores resulte ridículo. El alba es mi Asiria; el ocaso y la salida de la luna mi Pafos, e inimaginables reinos de la tierra de las hadas; el mediodía será mi Inglaterra de los sentidos y el conocimiento; la noche será mi Alemania de filosofía mística y sueños.

*

Los axiomas de la física traducen las leyes de la ética. Por lo tanto, «el todo es mayor que sus partes», «la reacción es igual a la acción», «el peso más pequeño puede levantar el más grande, la diferencia de peso se compensa por el tiempo» y otras proposiciones de este tipo tienen un sentido tanto físico como ético. Estas proposiciones tienen un sentido mucho más amplio y universal cuando se aplican a la vida humana que cuando se mantienen confinadas en su uso científico.

*

El auténtico filósofo y el auténtico poeta son una misma persona; y la belleza, que es la verdad, y la verdad, que es belleza, el objetivo de ambos.

*

El hombre sensual ajusta los pensamientos a las cosas; el poeta ajusta las cosas a los pensamientos. El primero aprecia la naturaleza por su arraigo y vivacidad; el otro por su fluidez, y estampa su ser en ella.

*

La belleza es la marca que Dios coloca sobre la virtud.

*

No siento hacia la naturaleza hostilidad alguna, sino un amor de niño. Me expando y vivo en la calidez del día como el maíz y los melones.

*

Nada divino muere. Todo lo bueno se reproduce eternamente. La belleza de la naturaleza se recrea a sí misma en la mente, y no para una estéril contemplación, sino para una nueva gestación.

*

Cada partícula es un microcosmos, y ofrece fielmente la imagen del mundo.

*

El hombre más feliz es aquel que aprende de la naturaleza la lección de la devoción.

*

Acabarán percatándose de que hay en el estudiante mejores cualidades que la escrupulosidad y la infalibilidad; que una intuición es a menudo más fructífera que una afirmación irrefutable, y que un sueño puede permitirnos ahondar más en el secreto de la naturaleza que un centenar de concienzudos científicos.

*

La razón por la cual el mundo carece de unidad y permanece fragmentado y disperso es que el propio ser humano está disgregado.

*

La incuestionable manifestación de la sabiduría es saber vislumbrar lo milagroso en lo cotidiano.

*

Lo que somos, solo eso podemos ver. Todo lo que poseía Adán, todo lo que César podía hacer, tú lo posees y lo puedes hacer. Adán consideró que su casa era el cielo y la tierra; César consideró la suya Roma; tal vez tú consideres la tuya una zapatería, un centenar de acres de tierra arada o una buhardilla de estudiante. Pero línea por línea, punto por punto, tu dominio es tan grande como el de ellos, aunque no ostente nombres solemnes. Construye, pues, tu mundo.

Pese a que no haya nadie conmigo, no soy un solitario mientras leo y escribo. Pero si alguien se siente solo, sugiérele que contemple las estrellas.

Ensayos, primera serie

Historia

Toda la historia resulta subjetiva; en otras palabras, no existe la historia propiamente dicha, tan solo la biografía.

*

La catedral gótica es una floración en piedra que brota de la insaciable demanda de armonía del hombre.

*

Un hombre es toda una enciclopedia de acontecimientos.

*

Todos los hechos públicos son individualizables, todos los hechos privados son generalizables.

*

Todo lo que Shakespeare escribe sobre un rey, el muchacho que lee su obra en un rincón siente que puede ser aplicable a él.

Autoconfianza

Creer en tus propias ideas, creer que lo que es verdad para ti en lo más profundo de tu corazón es verdad para todos los hombres; en esto consiste el genio.

*

Finalmente nada es sagrado, excepto la integridad de tus ideas.

*

Resulta fácil vivir en el mundo siguiendo las opiniones de los demás; resulta fácil vivir en soledad siguiendo tus propias opiniones; pero el hombre verdaderamente grande es aquel que en medio de la multitud mantiene con absoluta gallardía la independencia de la soledad.

*

Solo la vida es provechosa, no el haber vivido.

*

Nada puede traerte sosiego excepto tú mismo. Nada puede traerte sosiego excepto el triunfo de los principios.

*

Insiste en ti mismo; jamás imites.

*

Ser prominente implica ser incomprendido.

*

El hombre actual es tímido y apologético; ya no se mantiene erguido; no osa decir «Pienso» o «Soy», sino que cita a algún santo o sabio.

*

Quien quiera ser un hombre verdadero debe ser inconformista.

*

El hombre aplaza o recuerda; no vive en el presente, sino que mirando hacia atrás se lamenta de su pasado, o, haciendo caso omiso de las maravillas que le rodean, se pone de puntillas para adivinar el futuro. Pero nadie podrá ser feliz y fuerte hasta que aprenda a vivir con la naturaleza en el presente, por encima del tiempo.

COMPENSACIÓN

Todo exceso causa un defecto; todo defecto causa un exceso. Toda dulzura contiene su amargura; toda maldad su bondad. Toda facultad que es receptora de placer tiene un castigo equivalente para su abuso. La moderación es la garantía de la vida.

*

Causa y efecto, medios y fines, semillas y frutos, no se pueden separar, porque el efecto ya florece en la causa, el fin ya preexiste en el medio, el fruto en la semilla.

*

El miedo es un educador de la sagacidad y el heraldo de todas las revoluciones. Una cosa que enseña es que hay podredumbre allí donde aparece. Es un cuervo carroñero, y aunque uno no distinga bien alrededor de qué merodea, sabe que por alguna parte ha aflorado la muerte.

*

En general, el mal al que no sucumbimos es un benefactor.

*

Ama y deberás ser amado. Todo amor es matemáticamente justo, tanto como las dos partes de una ecuación algebraica.

*

Los proverbios son, como los libros sagrados de cada nación, el santuario de las intuiciones.

LAS LEYES ESPIRITUALES

Cuanto menos piensa o sabe un hombre acerca de sus virtudes, más nos agrada.

*

Si tu corazón te dice que algo es portentoso, es que en efecto es portentoso. El entusiasmo del espíritu siempre acierta.

*

La manera de hablar y escribir que no pasará jamás de moda consiste en hablar y escribir con sinceridad. Quien escribe para sí mismo, escribe para un público eterno.

*

La personalidad humana siempre se pone de manifiesto. La más furtiva acción o palabra, el mero gesto de estar a punto de hacer algo, el propósito insinuado, expresa la personalidad. Si actúas, muestras tu personalidad; si permaneces sentado y quieto, si duermes, también la muestras.

*

Aquello en lo que no creemos no somos capaces de expresarlo de manera convincente, pese a que podamos repetir las palabras hasta la saciedad.

*

Toda pérdida, todo dolor, es particular; el universo permanece con el corazón ileso.

*

Has contemplado a un lector avispado leyendo a Virgilio. Bien, ese autor ha creado con su obra un millar de libros distintos para un millar de personas. Toma su libro entre tus manos y léelo con tus ojos; jamás encontrarás en él lo mismo que he encontrado yo.

*

Tener un buen libro es como disfrutar de buena compañía.

*

Pensar es actuar.

*

El gran hombre no era consciente de su grandeza. Tuvieron que pasar uno o dos siglos para que apareciese ese concepto. Lo que hizo, lo hizo porque debía hacerlo; era lo más natural del mundo, y surgió de las circunstancias del momento. Pero ahora, todo lo que hizo, incluso levantar un dedo o comer un pedazo de pan, parece fabuloso e interconectado, y es todo un símbolo.

*

En la reputación literaria no existe la suerte. Quienes dan el veredicto final sobre cada libro no son sus lectores coetáneos, ruidosos e injustos, sino una cohorte de ángeles, unos lectores a los que es imposible sobornar, rogar ni amedrentar, y que juzgan imparcialmente los méritos de cada autor para alcanzar la fama. Solo logran pasar aquellos libros que verdaderamente merecen perdurar.

Amor

Cada promesa del alma tiene innumerables cumplimientos; cada una de sus alegrías madura en un nuevo deseo.

*

Todo resulta hermoso visto desde la perspectiva del intelecto. Pero todo resulta amargo si se contempla desde la experiencia.

*

Somos observadores por naturaleza, y por lo tanto aprendices. Este es nuestro estado permanente.

Amistad

Y ahora, después de tantos siglos de experiencia, ¿qué sabemos de la naturaleza o de nosotros mismos? El hombre no ha subido ni un peldaño hacia la solución del problema de su destino.

*

¡Feliz es la casa que sirve de refugio a un amigo!

*

Caminamos solos en el mundo. Los amigos, tal como los deseamos, son sueños y tabulaciones.

*

Quien me escucha, quien me comprende, se convierte en algo mío: una posesión para siempre.

PRUDENCIA

De cada acción natural e inocente brota cierta sabiduría.

*

Se puede esperar tanta sabiduría de una economía privada como de un imperio, y se puede extraer tanta sabiduría de la una como del otro.

*

Rechazamos el cariño y la intimidad con la gente, como si esperásemos un cariño y una intimidad mejores que están por llegar. Pero ¿de dónde y cuándo? Mañana será como hoy. Malgastamos la vida mientras nos preparamos para vivir.

Heroísmo

Si nuestros ancestros y nuestros coetáneos violan las leyes de la naturaleza, también nosotros recibimos el castigo.

*

Un gran consejo que en una ocasión oí que le daban a un muchacho: «Haz siempre aquello que temas hacer».

*

Congratúlate si has hecho algo insólito y extravagante, y has roto así la monotonía de una época decorosa.

La superalma

Nuestra fe aparece solo en determinados momentos, mientras que nuestros vicios son habituales. Pero hay una intensidad en esos breves momentos de fe que nos obliga a atribuirles más sentido que a todas las demás experiencias.

*

El hombre es un torrente cuya fuente permanece oculta.

*

Vemos el mundo por partes: el sol, la luna, los animales, los árboles...; pero la totalidad, de la cual estos elementos son los centelleantes fragmentos, es el Alma.

*

El hombre es la fachada del templo en cuyo interior moran toda la sabiduría y toda la bondad.

*

Una vez que hemos hecho pedazos al dios de la tradición y hemos renunciado al dios de la retórica, entonces Dios puede apoderarse de nuestro corazón con su presencia.

*

La fe que se sostiene en la autoridad no es fe. La dependencia de la autoridad mide el declive de una religión, la retirada del alma.

*

Vivimos en la sucesión, en la división, en partes, en partículas. Pero entre tanto, en el interior del hombre habita el alma del todo; el silencio sabio; la belleza universal, con la que se relacionan cada una de sus partículas; el eterno UNO.

*

Del mismo modo que no hay ninguna pantalla o techo entre nuestras cabezas y los cielos infinitos, tampoco hay ninguna reja o muro en el alma, allí donde el hombre, el efecto, se acaba, y Dios, la causa, empieza.

CÍRCULOS

En la naturaleza cada instante es nuevo; el pasado es siempre devorado y olvidado; solo el porvenir es sagrado. Nada es seguro excepto la vida, la transición, el espíritu vigorizador.

*

Por bueno que sea un discurso, el silencio es mejor y lo deja en evidencia. La duración de un discurso indica la distancia que separa el pensamiento del orador y el del oyente. Si en algún momento ambos llegasen a entenderse a la perfección, a partir de entonces no serían necesarias las palabras.

*

Lo único que buscamos con insaciable avidez es olvidarnos de nosotros mismos, descubrirnos privados de nuestras posesiones, borrar nuestra sempiterna memoria y hacer algo sin saber ni cómo ni por qué; en resumen, trazar un nuevo círculo. Sin entusiasmo, jamás se ha logrado nada extraordinario. El camino de la vida es hermoso, y lo es gracias al abandono.

*

Las virtudes de la sociedad son los vicios del santo.

*

Nuestra vida es un aprendizaje de la verdad, de que alrededor de cada círculo siempre se puede dibujar otro; de que en la naturaleza no hay final, sino que cada final es un principio; de que siempre asoma un nuevo amanecer tras cada mediodía, y debajo de cada abismo se abre otro todavía más profundo.

INTELECTO

Dios entra por una puerta privada en cada individuo.

*

¿Cuál es la tarea más difícil en este mundo? Pensar.

*

Nuestra mejor acción es la espontánea. Ni tus mejores deliberaciones, ni tu meticulosa observación
te acercarán tanto a cualquier cuestión como lo
hará tu mirada espontánea.

*

Todo hombre contempla su condición humana con cierto grado de melancolía. Como el barco encallado que sufre el embate de las olas, el hombre, prisionero de su vida mortal, permanece a merced de los acontecimientos venideros.

Dios ofrece a cada intelecto una elección entre la verdad y el descanso. Escoge lo que prefieras; nunca podrás tener ambas cosas.

ARTE

En la medida en que el carácter espiritual de la época domine al artista y se exprese en su obra, atesorará esta cierta grandeza y encarnará para los futuros espectadores lo Desconocido, lo Inevitable y lo Divino.

*

Estamos inmersos en la belleza, pero nuestros ojos no poseen una visión clara.

*

En la naturaleza todo es útil y todo es hermoso. Y es hermoso porque está vivo.

*

Todas las grandes acciones han sido simples, y todas las grandes pinturas lo son también.

El verdadero arte jamás queda petrificado, sino que fluye constantemente. La música más dulce no es la del oratorio, sino la de la voz humana cuando habla desde su instante vital con tonos de ternura, verdad y valor.

Aunque viajemos por todo el mundo para encontrar la belleza, debemos llevarla con nosotros, o jamás la hallaremos.

Ensayos, segunda serie

El poeta

La experiencia de cada nueva era requiere una nueva revelación, y el mundo parece estar siempre esperando a su poeta.

El espíritu del mundo, la sosegante presencia del creador, no procede de las hechicerías del opio o del vino. La visión sublime procede del alma pura y sencilla en un cuerpo limpio y virtuoso.

Las religiones del mundo son las emanaciones de unas pocas personas imaginativas.

*

El lenguaje es poesía fosilizada.

EXPERIENCIA

Los años enseñan muchas cosas que los días desconocen.

*

Progresamos gracias a las casualidades. Nuestras experiencias más importantes han sido casuales.

*

En toda inteligencia hay una puerta que nunca permanece cerrada, a través de la cual pasa el creador.

*

Consumar el momento, vislumbrar el final del trayecto en cada paso del camino, vivir el mayor número de horas gozosas; en esto consiste la sabiduría.

*

Ilusión, temperamento, sucesión, nacimiento, sorpresa, realidad, subjetividad..., estos son los hilos del telar del tiempo, los señores de la vida.

*

La calle está llena de humillaciones para los orgullosos.

*

No temas al ridículo ni a la derrota, ¡levántate otra vez, viejo corazón!, nos parece oír. A toda la justicia le llegará el momento de la victoria, y de este modo la verdadera novela para cuyo desarrollo existe el mundo, será la transformación del genio en un poder práctico.

*

El hombre es una sublime imposibilidad. La línea por la que debe caminar tiene la anchura de un cabello. El exceso de sabiduría convierte al hombre sensato en un loco.

*

Llenar el momento, en eso consiste la felicidad; llenar el momento y no dejar fisura alguna para el arrepentimiento o el consentimiento.

CARÁCTER

Los hombres con carácter son la conciencia de la sociedad a la que pertenecen.

MODALES

El amor a la belleza es esencialmente amor a la medida o la proporción. La persona que grita, exagera o conversa acaloradamente provoca que salgan huyendo salones enteros. Si quieres ser amado, ama la mesura.

Las cualidades morales rigen el mundo, pero en las distancias cortas los sentidos son despóticos.

REGALOS

Los anillos y otras joyas no son regalos, sino disculpas por no ofrecerlos. El único regalo consiste en ofrecer una parte de ti mismo. Por ello el poeta ofrece su poema; el pastor, su oveja; el granjero, su maíz; el minero, una gema; el marinero, coral y conchas; el pintor, su cuadro; la niña, un pañuelo que ella misma ha cosido.

NATURALEZA

La astronomía se convierte para el egoísta en astrología.

*

Todo conocimiento de las ciencias naturales ha sido adivinado por el presentimiento de alguien antes de ser verificado científicamente.

*

Vivimos en un sistema de aproximaciones. Cada final es la perspectiva de otro final, que también es temporal; el éxito redondo y definitivo no existe en ninguna parte.

POLÍTICA

Si bien los derechos de todas las personas son iguales en virtud de su acceso a la razón, sus derechos en lo que a la propiedad se refiere son muy desiguales. Un hombre es dueño de su ropa y otro es dueño de un país.

Un partido político está perpetuamente corrompido por los personalismos.

Nominalista y realista

Adonde quiera que vayas, allí ha habido en el pasado una inteligencia como la tuya que ha materializado sus pensamientos. Los misterios de Eleusis, la arquitectura egipcia, la astronomía india, la escultura griega, todo ello demuestra que siempre ha habido en el planeta hombres capaces de ver y conocer.

La proporción resulta casi imposible para los seres humanos. No hay nadie que no exagere.

Desde el momento en que cualquier hombre existe, es que para algo se le necesita.

*

Ninguna frase puede contener toda la verdad, y el único modo que tenemos de ser justos es desmintiéndonos a nosotros mismos.

Los reformadores de Nueva Inglaterra

La recompensa de una cosa bien hecha es haberla hecho.

*

Esta es la diferencia entre el sabio y el tonto; este último se maravilla ante lo inusual, mientras que el sabio se maravilla ante lo cotidiano.

Hombres representativos

Los grandes genios tienen biografías muy sucintas. Sus primos no sabrán qué contarte sobre ellos. Vivieron en sus escritos, así que su vida en el hogar y en la calle fue común y corriente.

La última lección de la ciencia moderna es que la estructura de mayor simplicidad es producida no por unos pocos elementos, sino por la más absoluta complejidad.

La filosofía es la explicación que la mente humana se da a sí misma acerca de la complejidad del mundo.

*

Ningún genio ha logrado hasta ahora el más mínimo éxito en el intento de explicar la existencia. El enigma perfecto permanece.

*

La rotación es la ley de la naturaleza.

*

Las palabras *yo* y *mío* son muestras de ignorancia.

Rasgos ingleses

I.as universidades son, por supuesto, hostiles a los genios, que, al vislumbrar y utilizar sus propios caminos, desacreditan la rutina; es lo mismo que sucede en las iglesias y monasterios, que persiguen a los jóvenes santos.

La conducta de la vida

Envías a tus hijos para que los eduque el maestro, pero son los otros niños de la escuela quienes los educan. Los envías a la clase de latín, pero la mayor parte de la enseñanza la reciben de camino a la escuela, de los escaparates.

Las miradas de los hombres conversan tanto como sus lenguas, con la ventaja de que el dialecto ocular no necesita diccionarios y es comprendido en el mundo entero.

Destino es el nombre que damos a los hechos que todavía no han pasado bajo el fuego del pensamiento, a las causas que nos resultan impenetrables.

*

Los elementos presentes en la naturaleza a los que popularmente llamamos Destino son siempre aquellos que nos limitan. A todo lo que nos limita le damos el nombre de Destino.

*

La máxima riqueza es la salud.

*

Mientras el hombre piense, será libre.

*

El secreto del éxito jamás reposa sobre la cantidad de dinero, sino en la relación que se establece entre el que entra y el que se gasta.

*

Todos los hombres que han logrado el éxito coinciden en una cosa: creían en la causalidad. Estaban convencidos de que las cosas no sucedían gracias a la suerte, sino por la relación causa efecto; que no había un eslabón débil o roto en la cadena que une la primera y la última de las cosas.

*

La sociedad es un baile de máscaras, en el que todos ocultan su verdadero carácter, y al ocultarlo lo revelan.

*

Guarda la ciudad para las ocasiones especiales, pero los hábitos deben forjarse en soledad.

*

En la retórica, el arte de la omisión es la clave secreta del poder; y en general, es prueba de una cultura elevada decir las cosas más importantes de la forma más sencilla.

*

La religión debe ser siempre una fruta silvestre: no se le pueden practicar injertos y mantener su belleza salvaje.

*

Dios edifica su templo en el corazón de los hombres sobre las ruinas de las iglesias y religiones.

*

La razón por la que los hombres no nos hacen caso es porque ven el barro en el fondo de nuestros ojos.

*

Nuestro gran deseo en la vida es contar con alguien que nos estimule a hacer aquello que somos capaces de hacer. Ese es el servicio de un amigo. Gracias a él somos grandes con facilidad.

*

Hay tantas almohadas para las ilusiones como copos en una tormenta de nieve. Nos despertamos de un sueño para sumergirnos en otro.

*

En las ciudades griegas se consideraba una insolencia que cualquier persona pretendiese ser la propietaria de una obra de arte, que pertenecía a todos aquellos que podían contemplarla.

*

El arte es una amante celosa, y si un hombre posee el genio necesario para la pintura, la poesía, la música, la arquitectura o la filosofía, será un mal marido y un pésimo sostén familiar, y debería ser sensato y no encadenarse a cargas que le amargarán la existencia y le impedirán desarrollar su trabajo adecuadamente.

*

La humanidad se divide en dos clases de personas: los benefactores y los malhechores. La segunda clase es extensa, la primera la componen un puñado de hombres.

*

La fortuna de un hombre es fruto de su carácter. Los amigos de un hombre son fruto de su magnetismo.

*

La naturaleza arma a cada persona con alguna facultad que le permite fácilmente realizar alguna hazaña imposible para las demás, y así la hace necesaria para la sociedad.

*

La soledad es impracticable y la vida en sociedad, funesta. Debemos mantener la cabeza en una y las manos en la otra. Los dos mundos son compatibles si mantenemos nuestra independencia sin perder la cordialidad.

*

No hay azar ni anarquía en el universo. Todo es sistema y gradación. Cada divinidad ocupa su esfera.

*

Todo hombre es prisionero de sus virtudes. Una buena memoria lo convierte en un almanaque; el talento para el debate en un polemista; la habilidad para conseguir dinero en un tacaño, es decir, en un pedigüeño.

*

¡Calma, calma! Cuando cae esta niebla de pasiones positivas y negativas es difícil ver y caminar recto.

*

La crítica de calidad es un bien muy raro y siempre precioso.

*

Hay tres deseos que jamás pueden ser satisfechos: el del rico que desea más riquezas; el del enfermo que desea cambiar su situación, y el del viajero que dice «en cualquier lugar menos donde estoy».

*

Si un hombre posee tierra, la tierra le posee a él.

*

Se percata uno de que la meditación sobre la enormidad del espacio y el tiempo en la astronomía induce a la dignidad de la mente y a la indiferencia ante la muerte.

*

No es la belleza pura la que inspira la pasión más profunda. La belleza sin gracia es un anzuelo sin cebo. La belleza sin expresividad fatiga.

*

El corazón humano nos concierne más que cualquier cosa que pueda estudiarse minuciosamente con un microscopio, y es más grande que cualquier cosa que puedan medir los presuntuosos cálculos de un astrónomo.

*

La naturaleza se sostiene gracias al antagonismo.

*

Todavía no se ha redactado un inventario de las facultades del hombre, del mismo modo que tampoco se ha escrito una biblia de sus opiniones. ¿Quién podría fijar un límite a los dominios de un ser humano?

*

Un hombre profundo cree en milagros, los espera; cree en la magia; cree que el orador desmontará a su adversario; cree que el ojo del mal puede atrofiarse, que el dolor del corazón puede sanarse, que el amor puede exaltar el talento y vencer todas las dudas.

*

La manera de valorar a un maestro es fijarse en su capacidad para conseguir que los hombres que le rodean acaben compartiendo sus opiniones veinte años después.

*

Sin duda, para un hombre con sentido común, viajar ofrece muchas ventajas. Cuantas más lenguas sepa, cuantos más amigos tenga, cuantas más artes y oficios conozca, más intensamente vivirá. Un país extranjero es un punto de comparación desde el que juzgar al propio.

*

No es un mal libro para leer un diccionario. No contiene banalidades, ni explicaciones superfinas, y está repleto de sugerencias, de materia prima para posibles poemas y narraciones.

*

En nuestras grandes ciudades, la población es impía, materialista; carece de vínculos afectivos, de entusiasmo. No son personas, sino hambre, sed, fiebre y apetitos que caminan. ¿Cómo se las arregla esa gente para salir adelante, tan desnortada como está?

El pensador americano

Al hombre le sorprende descubrir que las cosas cercanas no son menos hermosas y maravillosas que las remotas. Lo cercano explica lo lejano. Una gota es un pequeño océano. Un hombre está conectado con toda la naturaleza.

El hombre descubre que al sumergirse en los secretos de su propia mente se ha introducido en los secretos de todas las mentes.

Hay una luz que brilla procedente de un millar de estrellas. Hay un alma que anima a todos los hombres.

*

No hay un principio ni un final para la inexplicable continuidad de la telaraña de Dios, sino un perpetuo poder circular que gira sobre sí mismo.

*

El miedo brota siempre de la ignorancia.

*

La monotonía, la calamidad, la exasperación y el deseo son maestros de elocuencia y sabiduría.

*

El mundo no es nada, el hombre lo es todo; en ti está la ley de toda la naturaleza, y tú todavía no sabes cómo asciende una gota de sabia; en ti duerme la totalidad de la Razón; es asunto tuyo conocerlo todo; es asunto tuyo osar hacerlo todo.

*

La vida es nuestro diccionario.

*

Esta época, como todas las épocas, es muy buena, si sabemos qué hacer con ella.

*

Cada época debe escribir sus propios libros; o más bien, cada generación debe escribirlos para la siguiente.

*

¿No es de hecho todo hombre un estudiante, y no existen todas las cosas para beneficio del estudiante?

*

Cuanto menos conoce la naturaleza una persona, menos dominio posee sobre su propia mente. Y por lo tanto, la vieja máxima «Conócete a ti mismo» y la máxima moderna «Estudia la naturaleza» se convierten en un único precepto.

*

Uno debe ser un inventor para leer bien.

Otras conferencias y escritos

Antes de adquirir un gran poder, debemos adquirir la sabiduría para saber utilizarlo.

*

El hombre, ante la visión de la absoluta bondad, la adora con total humildad. Cada peldaño que se desciende es un paso de ascenso. El hombre que renuncia a sí mismo, llega a sí mismo.

*

Osa amar a Dios sin mediador ni velo.

*

No solo las palabras son emblemáticas. También las cosas son emblemas. Cada hecho natural es el símbolo de un hecho espiritual.

*

La civilidad de raza alguna puede ser perfecta mientras otra raza sea degradada.

*

Yo —esa idea que llamamos yo— es el molde en que se vierte el mundo como si de cera derretida se tratase.

*

Solo es rico aquel que es dueño de su tiempo.

*

Engancha tu carro a una estrella.

*

Explora y explora. No te sientas ni censurado ni halagado por tu actitud de perpetua indagación. No dogmatices ni aceptes el dogmatismo de otro.

*

Las tres reglas prácticas que tengo que ofrecer son: 1) Nunca leas un libro que no haya aparecido hace al menos un año; 2) Nunca leas libros que no gocen de crédito; 3) Nunca leas más que lo que te apetezca.

*

¿Para qué necesito varios volúmenes si con una sola palabra me basta?

*

Todo materialista puede convertirse en idealista; pero un idealista jamás puede volverse atrás para reconvertirse en materialista.

*

Educamos a los niños para que se conviertan en hombres como nosotros. No para que aspiren a ser todo lo que pueden llegar a ser.

Diarios

¿Por qué mi heterogéneo diario no contiene bromas? Porque es un soliloquio y a solas todo hombre se muestra grave.

*

Me percato de que las palabras están tan gobernadas por la moda como la vestimenta, tanto en el lenguaje hablado como en el escrito.

*

Nuestra manera de demostrar sabiduría es ser capaces de predecir las grandes tendencias y corrientes del universo mediante nuestro conocimiento de las briznas de paja que nuestros ojos son capaces de ver. Vivimos entre huevos, embriones y principios seminales, y los más sabios de entre nosotros son aquellos que poseen un ojo más profético.

*

El sol brilla y nos calienta e ilumina, y no tenemos la curiosidad de saber por qué es así; pero sí nos preguntamos acerca de las razones de la existencia del mal, el dolor, el hambre, los mosquitos y los idiotas.

*

La religión es la relación del alma con Dios, y, por consiguiente, el aumento del sectarismo pone de manifiesto su decadencia.

*

El año es suficientemente largo para que a lo largo de él todo pueda acontecer. Las flores se abren; la fruta madura, y todas las especies de animales están satisfechas y consiguen sus metas, pero el ser humano no; a lo largo del año el hombre se ha topado con más cosas de las que puede llevar a cabo.

*

La religión que teme a la ciencia deshonra a Dios y comete suicidio.

*

Dios no puede ser percibido intelectualmente.

*

Lo que se enseña en las escuelas y universidades no es educación, sino los medios para acceder a la educación.

*

Una secta o un partido político son organizaciones que proporcionan un exquisito anonimato, creadas para salvaguardar al hombre de la molestia de tener que pensar.

*

En este mundo, si un hombre se sienta a pensar, inmediatamente le preguntan si tiene dolor de cabeza.

*

¡Qué diferente puede ser un hombre en el plazo de un par de horas! Mientras permanece sentado, solo y concentrado en el estudio, y no abre la boca, es una manifestación carnal de Dios. Pero colócalo en un salón con una compañía inadecuada y empezará a hablar como un idiota.

*

Existe una lectura creativa del mismo modo que existe una escritura creativa.

*

El mejor servicio que nos brinda la historia es conducirnos a saber apreciar el presente.

*

Es muy difícil ser lo suficientemente humilde para ser buena persona.

*

Dicen que a los locos les gusta tener un maestro; y lo mismo le sucede al corazón humano, siempre hambriento de un líder, de un maestro que lo guíe hacia la verdad.

*

Somos conducidos por el destino a lo largo de nuestra vida con el mismo aire serio y la misma ignorancia que el bebé al que pasean por la calle en un cochecito de mimbre.

*

No me gusta ver una espada colgada del costado de un hombre. Si amenaza a una persona, me amenaza a mí. Un batallón de soldados es un espectáculo ofensivo.

*

Una de las bendiciones de los viejos amigos es que puedes permitirte comportarte como un idiota ante ellos.

*

Lo llaman cristianismo, yo lo llamo conciencia.

*

La sinceridad es el mayor halago que puedes ofrecer.

*

«Es de mal gusto» es el comentario más formidable que puede hacer un inglés.

*

Pobre loco: va por el mundo fustigado por sus propios pensamientos.

*

Por la mañana el hombre camina con el cuerpo entero; al anochecer, solo con las piernas. El tronco es arrastrado casi inerme.

*

Enseñas a tu hijo a caminar, pero es él quien aprende por sí solo a correr.

*

Algunos libros nos dejan libres y otros libros nos hacen libres.

*

Un niño que duerme me hace pensar en un viajero que se adentra en un país muy lejano.

*

Avanzamos por un camino angosto: a un lado la locura y al otro el embotamiento.

*

No malgastes tus energías en el rechazo; no brames contra lo malo, loa la belleza de lo bueno.

*

Los héroes de Plutarco son mis amigos y parientes.

*

El único pecado que la gente no perdona en los demás es la divergencia de opinión.

*

Este descontento —este *ennui* francés para el que los anglosajones no tienen un nombre— se ha convertido en una palabra de significado terrible, una enfermedad que acorta la vida y despoja al día de su luz.

*

Soy *derrotado* continuamente, y sin embargo he nacido para la victoria.

*

Las puertas del pensamiento, ¡qué lenta y tardíamente se muestran a sí mismas! Y sin embargo, cuando aparecen, vemos que siempre estuvieron allí, perpetuamente abiertas.

*

Todas las personas son rompecabezas hasta que finalmente encontramos en cierta palabra o acto la clave que nos permite acceder al hombre o a la mujer; inmediatamente todas sus palabras y acciones pasadas aparecen iluminadas ante nosotros.

*

Debes poseer la felicidad, o debes poseer el poder, dijo Dios; pero no debes poseer ambas cosas.

*

Las relaciones entre padres e hijos acaban habitualmente invirtiéndose. Al final, los hijos se convierten en padres de sus padres.

*

Jamás golpees a un rey a menos que estés seguro de matarlo.

*

La tragedia y la comedia siempre van de la mano.

*

Todo hombre se reserva para sí mismo a solas el derecho a ser tedioso.

*

Clausura cada día antes de iniciar el siguiente, e interpón un sólido muro de reposo entre ambos. Es algo que no puede lograrse sin temperancia.

*

Sé para aquellos que vienen detrás de ti alguien que abre puertas, no trates de convertir el universo en un callejón sin salida.

*

Gracias a mis propios vicios soy capaz de entender los tuyos.

*

No esperamos que un árbol dé frutos más de una vez al año, pero de un hombre esperamos que genere inteligencia y acción a diario.

*

Resulta fácil leer a Platón y difícil leer a sus exégetas.

*

Las buenas maneras requieren mucho tiempo, igual que el trato sensato a los niños. Los orientales disponen de tiempo, del desierto y de las estrellas; los occidentales, no.

*

La poesía debe ser nueva como la espuma y vieja como la roca.

*

En el más grande de los hombres subyace la naturaleza humana. La ola más enorme desaparece rápidamente en el océano. Ningún individualismo puede enfrentarse a la devoradora universalidad.

*

Incluso el peor de los días merece la pena por algo. Todo lo que no es amor, es conocimiento, y lo que no es conveniente para hoy, se almacena para las necesidades del futuro.

*

Estamos hechos de contradicciones: nuestra *libertad* es *necesaria*.

*

Es culpa de Shakespeare que el mundo parezca tan vacío. Una vez que te ha iniciado en su mundo imaginario, el mundo real parece la tienda de un mercachifle.

*

Aprecio al hombre, pero no a los hombres.

*

Cuando llega el verano, veo lo rápido que avanza y temo que sea corto; pero después de los calores de julio y agosto, me siento reconciliado, como quien ha podido disfrutar de su libertad, con el frío del otoño. Y lo mismo sucederá con la llegada de la muerte.

*

Cuando después de mucho tiempo me encuentro con un amigo, la primera pregunta que me viene a la cabeza es: ¿Has logrado tener alguna cosa clara?

*

La crítica no debe ser quejumbrosa y arrasadora como un cuchillo que arranca las raíces de cuajo, sino que debe ser guiadora, instructiva e inspiradora; una brisa, no un huracán.

*

Un acontecimiento que jamás pierde su emoción es la llegada de una persona de gran talla intelectual ante mi cancela.

*

En Inglaterra cada hombre con el que te encuentras es el hijo de alguien; en América, puede ser el padre de alguien.

*

Ningún disidente conduce su carro durante tres generaciones; indefectiblemente cae en las garras del poder.

*

Cuando me topo con personas de una religiosidad estrecha, descubro a personas con escasas lecturas.

*

Entre París y Londres hay esta diferencia: París existe para el extranjero, está a su servicio; mientras que Londres es para el londinense, que actúa en buena medida como un extranjero. Inglaterra ha construido Londres para su propio uso. Francia ha construido París para el mundo.

*

El artista se gasta a sí mismo, como el lápiz que sostiene en su mano, hasta que se agota.

*

Feliz aquel que para saber si logrará el éxito solo tiene en cuenta su propio trabajo, y nunca la época y la opinión pública; feliz aquel que escribe por el deseo de comunicar ciertos pensamientos y no por la necesidad de vender, aquel que escribe siempre *para el amigo desconocido*.

*

Inmortalidad. Me percato de que en cuanto los escritores mencionan este tema empiezan a citar. Detesto las citas. Dime lo que tú sabes.

*

Cada día muestra algo nuevo al caminante veterano.

*

Hoy en día el mundo de los negocios es el señor del universo, y el gobierno no es más que un paracaídas para ese globo.

*

Poco importa lo elegante que sea tu retórica o lo fuerte que sea tu capacidad intelectual; ningún libro es bueno si no ha sido escrito con los instintos.

*

Todo hombre encuentra un lugar en su rostro para todos sus antepasados. Cada rostro es un *Atrium*.

*

El lenguaje es una maravillosa ciudad que todos ayudamos a construir.

*

Belleza. Las pequeñas cosas están a menudo impregnadas de una gran belleza. Un cigarro hace visible la respiración del cuerpo, un hecho universal, del que el flujo y reflujo de las mareas es solo un ejemplo.

*

Cuando hemos llegado a ser capaces de formular la pregunta, es que la respuesta ya está cerca.

*

El purista que se niega a votar porque el gobierno no le satisface en todos los puntos, debería negarse a alimentar a un mendigo hambriento, porque de hacerlo alimentará también sus vicios.

*

Poca gente sabe verdaderamente cómo leer. Las mujeres leen para encontrar a un héroe al que puedan amar. Los hombres para pasar el rato. Los editores para encontrar algo que *copiar*. Los autores para dar con algo que sostenga sus puntos de vista; y apenas hay alguna persona que lea de forma completa e inteligente.

*

¡Para qué utilizamos este maravilloso intelecto que poseemos! Para pasarnos el día leyendo noticias sobre asesinatos y accidentes ferroviarios, para elegir modelos de chalecos y bufandas.

*

Sin duda opto por la cultura y no por las multitudes.

*

Admiro las respuestas que no admiten contestación.

*

Es curioso que el cristianismo, que es idealismo, sea enérgicamente defendido por los corredores de bolsa e incesantemente atacado por los idealistas.

*

Afirmamos y afirmamos, pero ni tú ni yo conocemos el valor de lo que decimos.

*

Los insultos son una prueba de que lo que haces cala. Si te alaban, tu trabajo no provocará revolución alguna.

*

La creencia de que estamos haciendo algo cuando en realidad no hacemos nada es la primera ilusión que provoca el tabaco.

*

Una de las ventajas fundamentales de la vejez es la absoluta insignificancia de obtener un éxito más o menos.

*

Me entristece comprobar que el Gobierno está regido por los hurras de los soldados y los ciudadanos. No lidera la opinión, sino que la sigue.

*

Cuando leo un buen libro, uno que abre un universo de posibilidades literarias, desearía que nuestra vida durara 3.000 años.

*

Creo que el hábito de escribir telegramas tendrá un efecto positivo en la escritura en general, porque es una lección de síntesis.

*

Astuto egotismo. Si no puedo alardear de conocer algo, entonces alardeo de no conocerlo. Al menos alardea.

*

Puedo encontrar mi biografía en cada fábula que leo.

*

Te quejas de que los negros son abyectos. ¿Quién convierte en abyectos y mantiene en esa situación a los judíos y los negros sino tú, que los excluyes de los derechos de que disfrutan las demás personas?

*

La cultura es una cosa y el barniz otra. No puede haber una cultura elevada sin pureza moral. Con el hombre verdaderamente cultivado, la doncella, el huérfano, el pobre y el esclavo perseguido se sienten seguros.

*

Un caballero inglés, francés o americano es poco frecuente; creo que recuerdo a todos y cada uno de los que me he encontrado.

*

Los muertos viven en nuestros sueños.

*

A lo largo de mi vida han surgido cinco milagros:
1) el barco de vapor; 2) el ferrocarril; 3) el telégra-
fo; 4) la aplicación del espectroscopio a la astronomía; 5) la fotografía. Cinco milagros que han
alterado las relaciones entre los países.

*

Una cosa es segura: las religiones están obsoletas
cuando las reformas no proceden de ellas.

*

Vejez. Perdemos muchísimo tiempo esperando.

*

Aquel a quien no le ha sido mostrada la casa del
dolor, solo ha visto la mitad del universo.

Apéndice

Vida y obra de Ralph Waldo Emerson

«Nueva Inglaterra era un territorio árido, sembrado de viejas ortodoxias: Emerson las dispersó como ceniza», escribió Carl Van Doren. Emerson fue el pensador estadounidense más estimulante del siglo XIX, y el que más hizo porque germinase un ensayismo propiamente americano, que fuese más allá de la herencia europea.

Ralph Waldo Emerson nació en Boston el 25 de mayo de 1803, el cuarto de ocho hermanos de los que solo cinco llegaron a la edad adulta. Era hijo de William Emerson, pastor de la iglesia unitarista que falleció cuando Ralph tenía solo ocho años. La madre, Ruth Haskins, fue la encargada de sacar adelante a sus hijos y hacer frente a las estrecheces económicas, con la ayuda de su hermana, Mary Moody, una mujer con inquietudes intelectuales que ejerció una gran influencia en el pequeño Ralph. La familia materna era de ascendencia anglicana, y en su adolescencia Emerson leyó a poetas ingleses como Coleridge.

Estudió en la Boston Public Latin School y posteriormente en Harvard, donde comenzó a escribir sus diarios y no destacó especialmente como alumno. Concluida su formación académica, empieza a dar clases en la escuela para señoritas que había fundado en Boston su hermano William, y en 1823, cuando este se marcha a Alemania para estudiar teología, se hace cargo de ella y la dirige hasta que un par de años después decide cerrarla.

El propio Emerson se dedica entonces a estudiar teología en la Harvard Divinity School, hasta que se ve obligado a dejarlo por problemas en la vista. Vuelve a la docencia, en esta ocasión en Chelmsford, después en Roxbury, y finalmente abre su propia escuela en Cambridge, Massachusetts. Mientras, de regreso de Alemania, William decide no tomar los hábitos por las dudas religiosas que le abruman.

Emerson, en cambio, se siente cada vez más atraído por la idea de convertirse en pastor, mientras lucha con su precaria salud y realiza un viaje a Carolina del Sur para recuperarse de sus problemas pulmonares en un clima más seco. De regreso en Boston, es ordenado pastor de la iglesia unitarista y en 1929 se casa con Ellen Louisa Tucker, a la que ha conocido dos años antes.

En febrero de 1831 Ellen fallece de tuberculosis con solo diecinueve años y Emerson sufre una crisis de fe que le lleva a poner en duda diversos dogmas del cristianismo y a dirigir una carta a sus superiores, pidiéndoles cambios en el rito de la comunión. Cuando estos se niegan a aceptar sus peticiones, decide renunciar al sacerdocio, pese a lo cual no perderá la fe, aunque sí cuestionará insistentemente la ortodoxia y el dogmatismo de la iglesia.

Pese a que sigue sin gozar de buena salud, embarca rumbo a Europa y a principios de 1833 llega a Malta, viaja por Italia, pasa la Semana Santa en Roma y en Florencia se encuentra con el escritor británico Walter Savage Landor. En junio llega a París, que le parece tan ruidoso y desagradable como Nueva York, aunque le fascina el Jardin des Plantes, debido a su creciente interés por la naturaleza. Un mes después está en Londres, donde visita al filósofo John Stuart Mill y a los poetas Coleridge y Wordsworth. Durante un viaje a Escocia conoce a Thomas Carlyle, con el que le unirá una amistad que durará toda la vida y mantendrá una profusa correspondencia. De hecho, este es el único encuentro plenamente satisfactorio, ya que los restantes, pese a que se trataba de escritores a los que Emerson había leído y admiraba, le resultaron decepcionantes. En septiembre emprende el viaje de regreso a América, con una idea fija en la cabeza: escribir y publicar un libro para hacerse un nombre en el mundo intelectual.

Ya en Estados Unidos, recibe en herencia la mitad de la considerable fortuna de Ellen, lo cual le permitirá vivir holgadamente, y empieza su carrera como conferenciante, que será durante toda su vida su principal fuente de ingresos. Cada invierno realiza una gira por los entonces pujantes ateneos dedicados a la formación de adultos, en los que los socios reunían dinero para traer a conferenciantes. Sus primeras giras son por los estados de Nueva York y Nueva Inglaterra, pero con el tiempo ampliará el circuito hasta el medio oeste y Canadá. Las conferencias le permiten abordar temas muy diversos y perfilar las ideas que pondrá por escrito en sus ensayos.

En 1835 contrae matrimonio con Lydia Jackson y compra una casa en Concord. Allí germinará el grupo trascendentalista, aglutinado a su alrededor y del que forman parte destacadas figuras de la intelectualidad norteamericana de mediados del siglo XIX.

Junto con Emerson, la otra gran personalidad del grupo es Henry David Thoreau, autor de obras como *Walden o la vida en los bosques* y *Desobediencia civil*, y del que el lector interesado encontrará en esta colección una selección de aforismos con el título de *Breviario para ciudadanos libres*.

Hay que mencionar también entre los trascendentalistas de Concord a Bronson Alcott, padre de Louisa Mary Alcott, la autora de *Mujercitas*; pedagogo progresista, partidario de un método educativo que potenciase al mismo tiempo el desarrollo físico, intelectual, estético y moral del niño, considerado en la época como revolucionario, el clérigo librepensador Orestes Brownson, fundador de la *Brownson's Quarterly Review* y autor de ensayos sobre religión y política, y de una novela autobiográfica; el pensador religioso y poeta Jones Very, que ingresaría voluntariamente en un manicomio y posteriormente viviría como un ermitaño en casa de su hermana; y los clérigos de la iglesia unitaria George Ripley, Theodore Parker y Frederic Henry Hedge, que dio nombre al llamado Club Hedge, que es como en ocasiones se refería la gente al grupo de los trascendentalistas de Concord.

Y había también dos destacadas mujeres, Margaret Fuller, pionera del feminismo norteamericano, editora de *The Dial*, la revista sobre literatura, política y religión que se convirtió en el órgano de los trascendentalistas, en la que todos ellos publicaron sus ensayos; y Elizabeth Peabody, cuñada de Nathaniel Hawthorne, dueña de la librería en la que se organizaban muchas de las reuniones de los trascendentalistas e impulsora del primer jardín de infancia que existió en Estados Unidos, cuya personalidad inspiró a Henry James el personaje de miss Birdseye de *Las bostonianas*.

En 1836 Emerson publica anónimamente, como era habitual en aquel entonces, su primer libro, el breve ensayo *Naturaleza*, considerado como un manifiesto del trascendentalismo, en el que ya aparecen muchos de los temas sobre los que vertebrará su reflexión intelectual. La obra se centra en plantear una teoría sobre el universo y en analizar las relaciones del ser humano con la naturaleza. Ese mismo año nace su primer hijo, Waldo.

En 1837, año en que recibe la segunda mitad de la herencia de su primera esposa, escribe *El pensador americano*, considerado por Oliver Wendell Holmes como una «declaración de independencia intelectual». Se trata de un discurso para ser leído en la fraternidad Phi Beta Kappa de Harvard, que le ha invitado a pronunciar la conferencia anual de los festejos de graduación. En él aborda con un tono provocador el atraso cultural de América y la necesidad de crear una literatura nacional, además de reflexionar sobre la tradición, la inspiración y el genio creativo.

En 1838 escribe una carta abierta al presidente de Estados Unidos Van Buren en la que protesta por la expulsión de los indios cheroqui de sus tierras ancestrales. Ese mismo año pronuncia en Harvard, ante los graduados de la Facultad de Teología, la célebre conferencia conocida como la *Alocución de la Facultad de Teología*, en la que carga contra lo que considera los grandes errores de la tradición cristiana, como el excesivo culto a la figura de Jesús, y especialmente contra ciertos aspectos de las interpretaciones unitaristas del cristianismo. El sermón emersoniano escandaliza y, pese a la intercesión de los pastores que formaban parte del movimiento trascendentalista de Concord, la Universidad de Harvard no volverá a invitarle a pronunciar una conferencia durante tres décadas.

En 1839 nace su hija Ellen, con la madre de Thoreau ejerciendo de comadrona. Crece y se afianza la amistad entre Emerson y Thoreau, que pasean juntos frecuentemente por los bosques de Concord. Al año siguiente aparece el primer número de la revista *The Dial*, editada por Margaret Fuller con la ayuda de Emerson, con la intención de que se convierta, según las palabras de este, en «una voz racional entre el barullo de quejumbrosos y polemistas».

Emerson recibe, como Thoreau, la invitación de irse a vivir a la Granja Brook, una comunidad agrícola utópica y colectivista, fundada en West Roxbury, cerca de Boston, por George Ripley, que abogaba por la cooperación de todos sus miembros en el trabajo y en la educación. Tanto Emerson como Thoreau rechazan el ofrecimiento, y el primero comenta que no desea «marcharme de mi actual prisión para irme a vivir a una prisión un poco más grande». Quien sí se unirá a la comunidad es el escritor Nathaniel Hawthorne, amigo de Emerson, que utilizará sus vivencias allí como material para su novela *The Blithedale Romance*.

En 1841 aparece *Ensayos. Primera serie*, recopilación de textos basados en las conferencias que Emerson lleva varios años dictando. El libro tiene una buena acogida de la crítica en Londres y París, lo cual proporciona a su autor una reputación internacional. Ese año le propone a Thoreau, quien pasa por apuros económicos tras cerrar su escuela, que se instale a vivir en su casa a cambio de encargarse del jardín y de algunas tareas domésticas.

1842 empieza de la peor manera para Emerson: en enero fallece, víctima de la escarlatina, su hijo Waldo, un acontecimiento que le causa una profunda desolación y provocará que su obra literaria deje de lado el optimismo de sus escritos juveniles y derive hacia un mayor pesimismo. Ese año se hace cargo de la dirección de *The Dial*, después de la renuncia de Margaret Fuller. Emprende un viaje a pie con Hawthorne, que se ha instalado en Concord, para visitar en un pueblo cercano a la comunidad shaker, una secta originada en la Inglaterra del siglo XVIII que abogaba por el celibato, la propiedad comunal y la vida austera. En Nueva York, durante una gira de conferencias, visita a Henry James Sr., padre de Henry y William James, quien considera a Emerson «un hombre sin personalidad».

En 1843 acaba su traducción de la *Vita Nuova* de Dante, recibe en su casa al célebre orador y político Daniel Webster, con el que años más tarde mantendrá una agria polémica, y le encuentra a Thoreau un empleo en Staten Island como tutor de los hijos de su hermano William, que ejerce de juez en Nueva York.

Al año siguiente aparece publicada una nueva recopilación de textos emersonianos, *Ensayos. Segunda serie*, cierra *The Dial* y nace su hijo Edward Waldo. Emerson demuestra su compromiso con la realidad política: toma partido públicamente contra la guerra con México y la anexión de Texas, y escribe un panfleto contra la esclavitud. Al año siguiente renunciará a pronunciar una conferencia en el Liceo de New Bedford al enterarse de que los negros no son admitidos como socios.

Emerson compra una parcela de tierra a orillas del lago Walden y le da permiso a Thoreau para que se construya allí una cabaña, en la que este vivirá aislado del mundo; el fruto de la experiencia será su célebre *Walden*.

En 1846 Emerson publica *Poemas*, que recoge su producción lírica escrita durante décadas e incluye una elegía dedicada a su hijo fallecido Waldo. Al año siguiente emprende un nuevo viaje por Europa, gracias a la invitación a pronunciar conferencias en varias ciudades inglesas. Deja a Thoreau, que ya ha regresado de la cabaña del lago Walden, a cargo de su familia. Desembarca en Liverpool, recorre Inglaterra y Escocia, y se encuentra con su viejo amigo Carlyle, con el que visita Stonehenge, y con Wordsworth, Dickens, Tennyson, Mathew Arnold y Thomas De Quincey entre otros. Realiza un breve viaje por Francia, visita París durante la tentativa revolucionaria de 1848 y allí se encuentra con Alexis de Tocqueville.

De regreso en América publica en 1849 la recopilación de textos ensayísticos *Naturaleza; discursos y conferencias*, y un año después, *Hombres representativos*, que reúne ensayos basados en un ciclo de conferencias sobre seis personajes eminentes: Platón, Swedenborg, Montaigne, Shakespeare, Napoleón y Goethe.

En 1850 perece en un naufragio su amiga Margaret Fuller, que regresaba en barco de Europa. Emerson envía a Thoreau a la zona de la tragedia para tratar de recuperar las pertenencias de la fallecida que, arrastradas por la marea, hayan podido llegar a la costa.

En 1851 se escandaliza por la defensa que hace su antes admirado Daniel Webster, ahora secretario de Estado de la administración del presidente Fillmore, de la Ley de Esclavos Fugitivos, que pretendía que los ciudadanos del norte colaboraran en la captura y devolución a sus propietarios de los esclavos evadidos que habían logrado escapar a los estados donde la esclavitud se había abolido. Emerson rechaza la ley en encendidas alocuciones públicas en ciudades como Boston, Nueva York y Filadelfia.

Tras la publicación de *Hojas de hierba* de Walt Whitman, le escribe una carta entusiasta en la que elogia su poesía: «Admiro su pensamiento libre y valiente, saludo el inicio de su gran carrera literaria». Algunos años más tarde, sin embargo, le rogará que rebaje el tono sexual de sus versos.

Emerson ayuda a F. B. Sanborn a crear la Academia de Concord, en la que estudiarán, entre otros, los hijos de Emerson, Hawthorne y Henry James Sr. En 1856 aparece *Rasgos ingleses*, que recoge ensayos basados en las conferencias pronunciadas tras su regreso del segundo viaje a Inglaterra. Es un libro menos denso que los anteriores, en el que analiza con un toque de ingenio las características y paradojas del carácter y las instituciones de los ingleses.

En 1857 asiste a la conferencia que pronuncia en Concord el líder antiesclavista John Brown, que acabará ahorcado tras encabezar el asalto a un polvorín del ejército para reunir armas con las que realizar incursiones en los estados sureños para liberar esclavos. Emerson se declara «partidario de la más absoluta abolición» y tanto él como Thoreau participan en la campaña que reclama infructuosamente el perdón para el capitán Brown.

En 1860 aparece un nuevo libro de ensayos, *La conducta de la vida*. En 1862 visita a Lincoln en Washington, y meses más tarde lee la oración fúnebre por Thoreau en el entierro de su amigo: «El país no es consciente todavía, o lo es en muy pequeña medida, de qué gran hijo ha perdido». En 1864 asiste al funeral de otro amigo, Nathaniel Hawthorne. Ese año es elegido miembro de la recién fundada Academia Americana de las Artes y las Ciencias. Y en 1866 recibe el doctorado honoris causa de Harvard, que por fin se ha reconciliado con él. Al año siguiente publica su segundo libro de versos, *El primero de mayo y otros poemas*, y en 1870 una nueva entrega de ensayos, *Sociedad y soledad*.

En 1871 el curso que está dictando en Harvard se suspende debido a su intensa fatiga, síntoma de una salud que declina. En Concord recibe la visita de Bret Harte. En 1872 se incendia su casa; sus amigos, encabezados por James Russell Lowell, recolectan dinero para repararla y le pagan unas vacaciones. Viaja por Egipto y Europa con su hija Ellen; visitan el Louvre guiados por Henry James hijo, se encuentra por última vez con su amigo Carlyle, y conoce a Hermann Grimm, Hippolyte Taine, Iván Turguéniev, Robert Browning y John Ruskin.

Empieza a padecer lapsus de memoria durante sus conferencias. En 1875 deja de escribir su diario. Su salud mental se deteriora. Se cuenta que, poco antes de morir, en el funeral de Long-fellow comentó: «Este hombre fue un alma dulce y hermosa, pero he olvidado completamente su nombre». Ralph Waldo Emerson falleció de neumonía en Concord el 27 de abril de 1882.

AUSTRAL

www.australeditorial.com

www.planetadelibros.com